Katze Lucy und ihre Freunde

Ein Kinderbuch über Hochsensibilität

Sandra Agel

Katze Lucy und ihre Freunde

Ein Kinderbuch über Hochsensibilität

Autorin: Sandra Agel

ISBN: 978-3-8192-4699-9

Copyright © Sandra Agel, 2025
Verlag: BoD · Books on Demand GmbH, Überseering 33,
22297 Hamburg, bod@bod.de
Druck: Libri Plureos GmbH, Friedensallee 273,
22763 Hamburg
Covergestaltung: Laura Newman - lauranewman.de

Bibliografische Information der Deutschen Nationalbibliothek:
Die Deutsche Nationalbibliothek verzeichnet diese Publikation
in der Deutschen Nationalbibliografie; detaillierte
bibliografische Daten sind im Internet über dnb.dnb.de
abrufbar

Liebe Eltern,

haben Sie manchmal das Gefühl, dass Ihr Kind irgendwie anders ist als andere Kinder?

Irgendwie feinfühliger, sensibler oder auch schneller überreizt?

Es kommt in Gruppen nicht so gut zurecht und braucht Rückzugsorte?

Es wirkt reifer für sein Alter und sucht den Kontakt mit Erwachsenen?

Vielleicht ist Ihr Kind hochsensibel und braucht dementsprechend eine Förderung und Begleitung, die darauf Rücksicht nimmt.

Hochsensibilität kann sich bereits bei jüngeren Kindern zeigen, da dieses Persönlichkeitsmerkmal vererbt wird.

Um Ihnen und Ihrem Kind erste Anhaltspunkte zu geben, habe ich dieses Mal- und Erzählbuch geschrieben.

Es handelt von der Katze Lucy und ihren Freunden.

Alle zeigen Wesensmerkmale, die bei einer Hochsensibilität vorkommen können.

Nach aktuellem Forschungsstand zeichnet sich Hochsensibilität durch vier Hauptmerkmale aus. Jedes dieser Merkmale zeigt sich mehr oder weniger im Charakter einer hochsensiblen Person:

- **Leichte Übererregbarkeit:**
Ihrem Kind ist oft alles zu viel, denn es hat ein empfindsames Nervensystem und ist schnell reizbar. In schwierigen Situationen zieht es sich zurück und braucht Ruhe.

- **Hohe Sinneswahrnehmung**:
Es ist Ihrem Kind schnell zu laut, das Licht ist zu grell, die Kleidung kratzt an der Haut... Generell nimmt Ihr Kind Dinge um sich herum viel intensiver wahr, als andere Kinder.

- **Tiefe Informationsverarbeitung:**
Ihr Kind braucht länger, bis es Ereignisse verarbeitet hat. Es macht sich viele Gedanken, und hat Schwierigkeiten damit Stress abzubauen.

- **Empathie und Emotionalität:**

Ihr Kind ist sehr empathisch. Es fällt ihm jedoch schwer, die eigenen Grenzen zu erkennen und zu halten.
Es nimmt die Gefühle von anderen Menschen intensiv wahr und ist von seinen eigenen Gefühlsregungen oft überwältigt.

Hochsensibilität ist sehr facettenreich. Jede Katze in diesem Buch zeigt eine andere Facette dieses Persönlichkeitsmerkmals. Ich habe mich dabei auf Merkmale konzentriert, die häufig vorkommen.

Wenn Sie sich weiter informieren möchten oder Fragen haben, besuchen Sie gerne meine Homepage unter:
www.bewegungsintensiv.de oder schreiben mir unter: info@bewegungsintensiv.de

Hallo Du,
ich bin Lucy, ich bin eine Katze und ich bin 8 Jahre alt.
Heute möchte ich Dir meine Freunde vorstellen.
Wir sind eine bunte Truppe, aber wir haben alle etwas gemeinsam:
Wir sind hochsensibel.
Hast Du schon einmal etwas davon gehört?
Hochsensibel heißt, dass wir ein wenig empfindsamer sind als andere Katzen.
Manchmal ist es uns zu laut oder das Licht ist zu hell.

Manchmal juckt unser Fell ganz dolle oder wir vertragen unser Futter nicht.

Wir wissen auch oft was los ist, wenn es anderen schlecht geht, auch wenn sie uns gar nichts davon erzählen.

...und wenn zu viel los ist, dann gehen wir schnell in unser Katzenkörbchen, damit wir unsere Ruhe haben.

Kennst Du das vielleicht auch?

Nun darfst Du meine Freunde kennenlernen.
Hab viel Spaß dabei!
Deine Lucy

Das ist Anton. Er ist ein Träumer.
In seinen Träumen kann er einfach
davonfliegen.
Manchmal schimpfen seine Katzeneltern,
wenn er zu viel miaut oder sein Futter
nicht fressen will.
Dann träumt er sich in eine ferne Welt, in
der es keinen Streit gibt, und er seine
Ruhe hat.
Wenn man ihn beobachtet, kann man in
seinen Augen sehen, dass er im Traumland
ist.
Dann stupse ich ihn ganz sanft an und
frage ihn, wo er gerade war und schon ist
er wieder da.

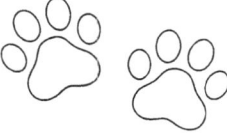

Anton

Bonnie ist beim Fressen ein wenig wählerisch.

Sie merkt sofort, wenn mit ihrem Futter etwas nicht stimmt.

Wenn es nicht gut riecht, dann frisst sie es nicht.

Wenn es komisch aussieht, dann frisst sie es nicht.

Wenn es sich seltsam kauen lässt, dann frisst sie es nicht.

Bonnie mag nur ganz bestimmte Futtersorten.

Die frisst sie dann mit Hochgenuss.

Wie ist das bei Dir? Was isst Du gerne?

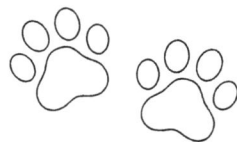

B

Bonnie

Charly kann richtig schnell rennen.
Er hat schon 5x den Katzenmarathon
gewonnen.
Manchmal verkriecht er sich jedoch unter
dem Sofa und kommt nicht wieder heraus.
Das macht er, wenn seine Menschen viel zu
laut sind.
Wenn sie schreien oder singen, wenn alle
gleichzeitig reden, wenn sie streiten...
dann hält er sich ganz fest die Ohren zu,
bis es vorbei ist.
Ich überrede ihn oft, sich mit mir unter
die Sträucher in seinem Garten zu legen.
Dort ist es ganz still und Charly beruhigt
sich wieder.

Charly

Didi ist ein Mathe-Ass.
So schnell kannst Du gar nicht kucken,
da sagt er dir schon was 5+6 ist.
Er redet nicht so gerne, aber das macht
nichts.
Es muss ja auch ruhige Katzen geben.
Sonst reden plötzlich alle
durcheinander.
Dafür denkt Didi sehr viel.
Er will immer alles wissen und ist richtig
neugierig.
Er kann sich auch ganz viel behalten.
Sehr beeindruckend, Didi.
Bist Du auch neugierig?

Didi

Elli hört man schon von Weitem.
Sie stampft und springt immerzu.
Sie fliegt durch die Luft als wäre sie
"Supercat".
Manchmal nervt mich das ganz schön.
Aber... mit ihr wird es nie langweilig.
Sie sprüht vor Energie und interessiert
sich für alles.
Elli redet schnell und viel, und sie ist für
jeden Spaß zu haben.
Ich kann ihr oft nicht lange böse sein.

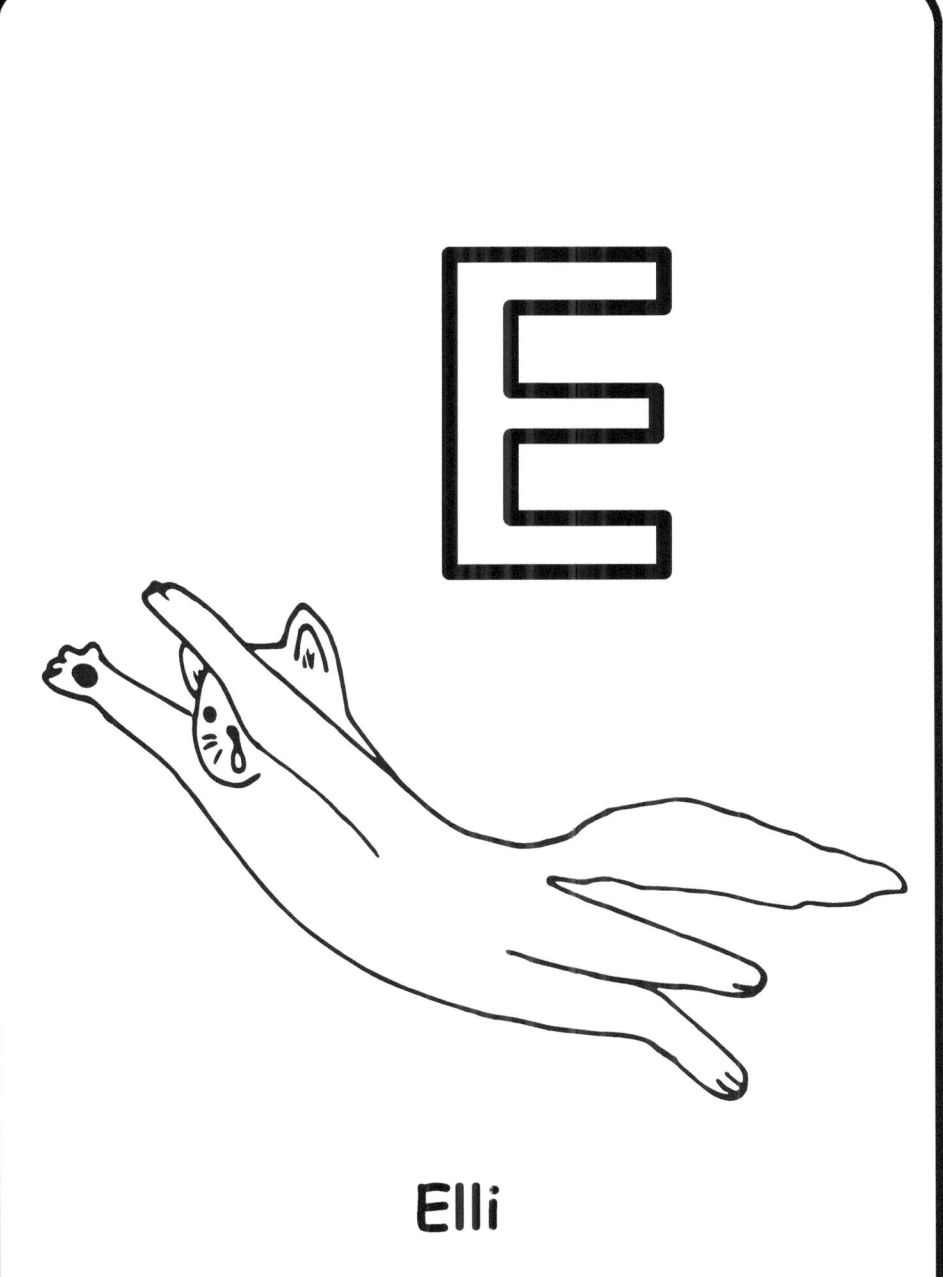

Elli

Wenn Francesco Hunger hat, kann er sich nicht mehr konzentrieren.
Man merkt es auch schnell, weil er richtig schlechte Laune kriegt.
Dann gehen wir ihm alle aus dem Weg, bis er wieder satt ist.
Francesco ist aber auch ein sehr geduldiger Kater.
Er kann stundenlang im Gras auf der Lauer liegen und auf Mäuse warten.
Das macht ihm gar nichts aus.

F

Francesco

Gertrud hat Bauchweh, wenn sie traurig ist.
Ihr Rücken tut ihr weh, wenn sie zu viel Arbeit erledigen muss und ihr Kopf brummt, wenn sie sich ärgert.
Gertrud spürt jedes doofe Gefühl in ihrem Körper.
Aber die guten Gefühle, die spürt sie auch.
Dann ist alles ganz bitzelig in ihr drin... so wie ein Brausebonbon im Mund.
Kennst Du das Gefühl auch?

Gertrud

Helga kann gut singen und singt im
Katzenchor.
Viele andere Katzen haben sie schon
deswegen gehänselt.
Das ist richtig unfair.
Wenn das passiert, halten alle Freunde
zusammen und sagen den anderen, dass so
was nicht in Ordnung ist.
Sie wollen ja auch nicht, dass man sie
hänselt.
Helga freut sich darüber sehr.
Dann fühlt sie sich stark und unterstützt.
Wie findest Du das, wenn andere
gehänselt werden?

H

Helga

Isa ist oft ganz aufgeregt, wenn sie vor anderen sprechen muss oder eine Prüfung hat.

Neulich sollte sie in der Katzenschule vor der Klasse eine Geschichte erzählen.

Sie zitterte dabei am ganzen Körper und schnurrte wie verrückt.

Da hilft nur eines:

Wir bringen sie an einen ruhigen Ort, wo sie mal richtig tief in den Bauch atmen kann.

So wird sie wieder ruhig und kann sich gut entspannen.

Isa

Jacky ist richtig verschmust.
Sie will immer mit allen kuscheln.
Alle sollen zufrieden und glücklich sein.
Wenn die anderen Probleme haben, ist
Jacky für sie da.
Doch manchmal wird es ihr zu viel.
Dann ruft sie ganz laut:
 "Stopp, seid nicht böse. Ich brauche
eine Pause."
Gut gemacht Jacky!

J

Jacky und ihre Mama

Komet ist unser Tollpatsch.
Er stößt sich.
Er stolpert und fällt hin.
Er bekleckert sich beim Fressen.
Er kippt den Wassernapf um.
Er kann gar nichts dafür. So ist er nun einmal.
Neulich hat er beim Jagen nicht aufgepasst und ist in den Gartenteich gefallen... und Wasser mag er gar nicht.
Er hat trotzdem immer ein Lächeln auf den Lippen und sagt:
"Hey, es gibt Schlimmeres."

K

Komet

Lucy... das bin ich.
Ich schreibe dieses Buch über meine
Freunde, weil sie besonders sind und ich
sie sehr mag.
Ich wünsche mir, dass Du sie auch magst
so wie sie sind.
Ich bin sehr kreativ.
Ich male und bastle und erfinde
Geschichten.
Dabei vergesse ich immer die Zeit.
Aber... ich habe ein Geheimnis, das ich
noch niemandem verraten habe.
Vielleicht verrate ich es Dir am Ende des
Buches... mal sehen ...

Lucy

Moritz ist der Schlauste von allen.
Ganz ehrlich. So etwas hast Du noch nicht gesehen.
Er kann mit Wolle Labyrinthe bauen.
Er weiß, wo das Spielzeug und die Leckerlis versteckt sind.
Er versteht sogar die Menschensprache.
Seine Katzeneltern schauen immer ganz verdutzt, weil er ständig neue Ideen hat.
Seit kurzem springt er früh am Morgen an den Lichtschalter im Schlafzimmer. Das Licht geht an und weckt seine Menschen auf.
Wenn sein Lieblingsmensch murrend aufsteht, um ihn zu füttern schaut er ganz unschuldig.
Ein ganz gewitzter Kerl dieser Moritz.

M

Moritz

Nico ist ein wenig schüchtern.
Wenn die anderen Katzen spielen, schaut
er es sich erst einmal von weitem an.
Mit ein bisschen Glück bringen wir ihn
dazu, mit uns mitzuspielen.
Wir müssen ihn oft richtig überreden.
Er ist lieber vorsichtig.
Ich mag ihn aber sehr gerne, weil er
zuverlässig und ehrlich ist.
Das gibt es nicht so oft.

N

Nico

Oma ist die Älteste von uns.
Wenn wir anderen aufgeregt sind, bleibt
Oma ruhig.
Wenn wir anderen nicht weiterwissen, weiß
Oma Rat.
Sie muss nur ein bisschen öfter ausruhen
als wir und sie mag keine Veränderungen.
Alles soll so bleiben wie es ist.
Neulich haben ihre Katzeneltern das
Wohnzimmer umgeräumt.
Das fand Oma schrecklich.
Nichts war mehr so wie vorher und ihr
geliebter Sessel war einfach weg.
Es dauert immer ziemlich lange, bis sie
sich an so etwas gewöhnt hat.

O

Oma

Pablo ist der Hund in unserer Truppe.
Ja, Du hast richtig gehört... wir haben
einen Hund.
Pablo kommt aus Spanien.
Er war dort in einem Tierheim und hatte
eine schwere Hundekindheit.
Er war dort oft alleine und hatte keine
Freunde.
Dann wurde er von seinen Hundeeltern
gerettet und lebt jetzt in unserer
Nachbarschaft.
Pablo mag Katzen lieber als Hunde... was es
alles gibt.
Deshalb haben wir uns angefreundet.
Jetzt kann er kaum glauben, dass er so
viele Freunde auf einmal gefunden hat.

P

Pablo

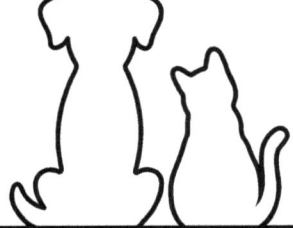

Fräulein Q will uns ihren richtigen Namen
nicht verraten.
Sie sagt immer: "So ein Quatsch" und
deshalb nennen wir sie Fräulein Q.
Fräulein Q mag keine Überraschungen.
Wir haben uns zu ihrem Geburtstag mal
versteckt und als sie nachhause kam, sind
wir alle auf einmal hervorgesprungen.
Puhhh, da war sie richtig böse auf uns.
Aber eines muss man ihr lassen:
Wenn ihre Freunde geärgert werden,
kämpft sie wie eine Löwin für sie.
Darauf kann man sich immer verlassen.
Magst Du eigentlich Überraschungen?

Fräulein Q

Romeo ist ein Genießer.
Er bekommt zuhause das leckerste Futter.
Das lässt er sich richtig schmecken.
Er hat das beste Katzenspielzeug und tobt
damit wie wild durch die Wohnung.
Er sucht sich immer das sonnigste
Plätzchen im Garten aus, damit er sich
richtig entspannen kann....
und wenn er mal Kummer hat, redet er mit
Yuki. Das hilft ihm sehr.
Romeo kümmert sich gut um sich selbst
und zeigt uns anderen, wie das geht.

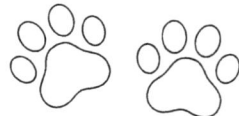

R

Romeo

Samira ist fröhlich und tanzt durch die
Welt.
Wow... es ist wunderschön, wie sie durch
die Luft wirbelt.
Sie strahlt dabei über das ganze Gesicht,
weil ihr das so viel Freude macht.
Ich hatte schon einmal Tanzunterricht bei
ihr, aber ich bin ständig hingefallen.
Das macht aber nichts.
Man kann ja nicht alles können.

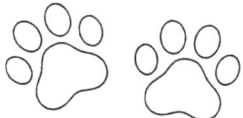

S

Samira

Tobi und Ulli sind unser Katzenpaar.
Sie wohnen auch zusammen.
Sie haben ein großes Haus mit Garten.
Es liegt ganz nah am Wald.
Sie hören das Zwitschern der Vögel und
das Rascheln der Bäume... und es duftet
immer so gut nach Gras und Moos.
Aber besonders lecker duftet es, wenn
ihre Katzenmutter Bibi in der Küche kocht.
Diesen Geruch lieben sie.

Tobi und Ulli

Vladimir verträgt sein Futter nicht so gut.
Er braucht ganz besonderes Futter, damit
er keinen Durchfall bekommt.
Er hat auch viele Allergien.
Oft niest er oder kratzt sich.
Wenn es ganz schlimm ist, kann er nicht
mit uns anderen spielen.
Dann bleibt er zuhause und hört Musik.
Das macht er so gerne, weil es ihn vom
Kratzen und Niesen ablenkt.

Vladimir

Wanda plant immer alles für uns:
Wann treffen wir uns?
Wohin gehen wir?
Was machen wir?
Wanda weiß es!
Sie hat schon einen Wochenplan gemacht
in dem steht, wo es die besten Mäuse
gibt.
Ohne Wanda wären wir aufgeschmissen.
Nicht schlecht, Wanda!

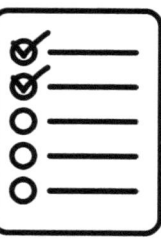

W

Wanda

Xaver hat nie Zeit.

Er hat immer etwas vor.

Er muss fressen.

Er muss sich putzen.

Er muss mit seinem Lieblingsmensch auf der Couch liegen.

Er muss durch sein Revier laufen.

Ständig ist irgendetwas los bei ihm.

Wenn er dann aber bei uns ist, dann hört er allen zu, gibt Ratschläge oder nimmt uns in den Arm, wenn es uns mal schlecht geht.

Xaver mag Lucy.

Xaver

Yuki ist am liebsten zuhause.
Ihr ist draußen oft zu viel Trubel.
Daher bleibt sie drinnen und kuschelt sich
auf der Couch ein.
Sie ist eine sensible Katze und weiß oft,
wie es den anderen Katzen geht.
Das kann sie fühlen.
Wer traurig ist, geht zu Yuki.

Yuki

Zottel darfst Du nicht erschrecken.
Sonst kriegt er Angst und rennt einfach
weg.
Einmal ist Pablo zu ihm gegangen, als er
geschlafen hat und wollte an ihm
schnuppern.
Da hat er sich so erschreckt, dass er auf
den nächsten Baum geklettert ist und für
3 Stunden dort geblieben ist.
Armer Zottel!

Z

Zottel

Welche Katze magst Du am liebsten?

Male doch ein Bild von ihr, wenn Du magst:

Weißt Du es noch:

Was macht Anton, wenn seine Katzeneltern schimpfen?

_____

Was kann Bonnie richtig gut?

_____

Wie oft hat Charly den Katzenmarathon gewonnen?

_____

Was mag Didi nicht?

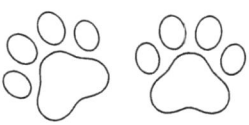

_____

Redet Elli viel oder wenig?

_____

Warum kann sich Francesco oft nicht
konzentrieren?

_____

Wenn Gertrud traurig ist, dann...

_____

Was macht Helga in ihrer Freizeit?

_____

Wann ist Isa aufgeregt und was macht
sie dann?

_____

Was ist Jackys Lieblingsbeschäftigung?

_____

Warum sagt Komet immer: "Hey, es gibt Schlimmeres?"

_____

Welches Geheimnis hat Lucy? Was glaubst Du... rate mal:

_____

Was macht Moritz, damit er am Morgen Futter bekommt?

_____

Warum mag Lucy Nico so gerne?

_____

Was mag Oma gar nicht?

_____

Was ist das Besondere an Pablo?

_____

Woher hat Fräulein Q ihren Namen?

_____

Wo kann Romeo sich richtig gut
entspannen?

_____

Was ist Samiras Hobby?

_____

Wo wohnen Tobi und Ulli?

_____

Was ist mit Vladimir los?

_____

Was kann Wanda richtig gut?

_____

Wen mag Xaver?

_____

Was kann Yuki fühlen?

_____

Warum saß Zottel 3 Stunden auf einem Baum?

Lucys Geheimnis

Psst... das erzähle ich nur Dir und Du musst versprechen, dass Du es für Dich behalten wirst...
Kannst Du es für Dich behalten?

Ich bin ganz dolle verliebt in Moritz... aber sag es ihm bloß nicht.
Bis bald, Deine Lucy

Die Wesensmerkmale der Katzen

Anton:

Ihr Kind ist ein Tagträumer und kann sich schlecht konzentrieren? Es lässt sich zudem sehr leicht ablenken und kann dadurch dem Geschehen nicht mehr folgen. Hochsensible Kinder träumen gerne. Sie nutzen ihre Tagträume beispielsweise, um sich aus schwierigen Situationen herauszuziehen oder wenn ihnen langweilig ist. Viele "Tagträumer" werden als ADS oder ADHS Kinder diagnostiziert. Sie könnten aber auch hochsensibel sein. Mehr Informationen zu ADS/ADHS finden Sie unter: www.zentrales-adhs-netz.de

Bonnie:

Hochsensible Menschen reagieren bereits auf kleine Reize. Daher sind hochsensible Kinder oft wählerisch bezüglich ihres Essens. Sie essen es nur, wenn es ihren Kriterien standhält. Geschmack, Geruch und Textur von Lebensmitteln müssen stimmen.

Charly:

Charly reagiert sehr stark auf Lärm. Dies ist ein häufiges Merkmal der Hochsensibilität. Laute Musik, quietschende Geräusche, Sirenen und noch Vieles mehr sind Auslöser für großen Stress, der durch Ruhe wieder abgebaut werden kann.

Didi:

70 % der hochsensiblen Menschen sind introvertiert. Didi gehört dazu. Er zeigt eine Kombination aus Merkmalen, die bei Hochsensibilität oft zu beobachten sind: Er ist intelligent, denkt aber viel nach, was auch belastend sein kann. Außerdem ist er zurückhaltend. Hochsensible Menschen beschreiben, dass ihre Gedanken häufig nicht zur Ruhe kommen und sie lange brauchen, bis sie Geschehnisse oder Informationen verarbeitet haben.

Elli:

Elli gehört zu den extravertierten Charakteren. Extravertiertheit kommt bei hochsensiblen Menschen seltener vor. Sie ist oft gepaart mit einer Art Abenteuerlust. Die Interessen können wechseln und irgendwie ist alles spannend. Eine Entscheidung zu treffen, ist dagegen schwer.

Francesco:

Wird Ihr Kind zum Nervenbündel, wenn es nichts zu essen hat?

Hat es schlechte Laune und kann sich nicht mehr konzentrieren?

Hochsensible Kinder reagieren sehr stark auf Hunger und Durst.

Daher sind regelmäßige Mahlzeiten für sie besonders wichtig.

Gertrud

Bei Hochsensibilität ist die Körperwahrnehmung stark ausgeprägt. Das bedeutet, dass psychische oder soziale Faktoren einen Einfluss auf die Befindlichkeit Ihres Kindes haben können. Bauchweh bedeutet vielleicht Kummer. Rückenschmerzen können zeigen, dass zu viel Druck im Außen besteht.

Fragen Sie bei körperlichen Beschwerden daher auch immer nach, ob Ihr Kind etwas belastet.

Helga

Hochsensibilität wird oft mit Adjektiven wie: schwach, weich oder nicht durchsetzungsfähig verbunden.

Einige Kinder erleben daher Mobbing im Kindergarten oder in der Schule. Achten Sie daher besonders auf die Stimmungen Ihres Kindes. Ist es regelmäßig traurig oder niedergeschlagen, wenn es aus der Schule kommt?

Mobbing kann für Ihr Kind ernsthafte Folgen haben.
Ein erster Schritt kann sein, mit dem Lehrer Ihres Kindes oder dem Schulpsychologen zu sprechen.
Bei einem Mobbingverdacht erhalten Sie Hilfe durch Beratungsstellen oder Telefonhotlines. Informationen im Internet finden Sie unter anderem bei:
 www.zeichen-gegen-mobbing.de

Isa
Hochsensible Kinder sind in Situationen oft übererregt, in denen es um Leistung geht.
Dies kann sich in einer starken Angst vor Prüfungen aber auch in hoher Nervosität vor Wettbewerben zeigen.
Entspannungstechniken wie Atemübungen können dabei helfen, Ihr Kind zu beruhigen.

Jacky

Ihr Kind ist für alle anderen da und möchte helfen?

Ihr Kind hält es nicht aus, wenn es Streit gibt und wünscht sich Ruhe und Harmonie?

Hochsensible Menschen neigen häufig dazu, Konflikte zu vermeiden oder ihnen aus dem Weg zu gehen.

Sie sind zudem sehr hilfsbereit und stellen ihre eigenen Bedürfnisse hinter die der anderen zurück.

Komet

Ungeschicklichkeit kann ein Zeichen von Stress und Überforderung sein.

Dies kann sich auf die motorischen Fähigkeiten Ihres hochsensiblen Kindes auswirken.

Zudem findet sich Ungeschicklichkeit oft bei Kindern, die viel träumen, da sie in Alltagssituationen unaufmerksam werden.

Lucy

Kann Ihr Kind stundenlang malen oder basteln und vergisst dabei vollkommen die Zeit?

Hochsensible Menschen haben eine feinere Wahrnehmung für die Innen- und die Außenwelt. Daher erlebt man sie als fantasievoll und kreativ. Mithilfe ihrer Kreativität drücken sie ihre Emotionen und Gedanken aus. Dies hilft ihnen bei der Verarbeitung von Herausforderungen jeglicher Art.

Moritz

Manchmal kann Hochsensibilität mit Hochbegabung gepaart sein. Es handelt sich dabei aber zunächst einmal um zwei unabhängige Konzepte.

Ihr Kind stellt viele Fragen und ist sehr neugierig?

Ihrem Kind ist es in der Schule langweilig?

Ihr Kind neigt zu Perfektionismus?

Wenn Sie das Gefühl haben, dass Ihr Kind hochbegabt ist, können Sie es bei einem Psychologen testen lassen. Infos zur Hochbegabung finden Sie unter: www.termin.begabtenzentrum.de

Nico
Zurückhaltung kann ein Merkmal einer Hochsensibilität sein.
Hochsensible Kinder sind meistens vorsichtig im Umgang mit anderen Menschen und in neuen Situationen.
Sie beobachten beispielsweise neue Spielsituationen zunächst aus der Ferne, um einschätzen zu können, ob das Mitspielen Spaß machen würde oder nicht.

Oma

Veränderungen, wie zum Beispiel der Übergang vom Kindergarten in die Schule, können eine große Herausforderung für hochsensible Kinder sein.

Manchmal reicht es sogar schon, wenn Sie im Zimmer Ihres Kindes etwas umstellen, während es in der Schule ist.

Dies kann Ihr Kind unter großen Stress setzen und gegebenenfalls seine schulischen Leistungen beeinflussen.

Pablo

Der Hund Pablo steht für die Toleranz und Aufgeschlossenheit von vielen hochsensiblen Menschen. Durch ihre Fähigkeit zur Empathie und ihr ausgeprägtes Mitgefühl öffnen sie schnell und bereitwillig ihr Herz für andere Menschen, unabhängig von ihrer Kultur, ihrer sozialen Zugehörigkeit oder ihres ethnischen Hintergrundes.

Fräulein Q

Fräulein Q mag keine Überraschungen. Dies hat damit zu tun, dass hochsensible Menschen besonders empfindlich auf Reize und neue Situationen reagieren. Sie bevorzugen daher vorhersehbare und strukturierte Umgebungen, in denen sie sich sicher und wohl fühlen.

Durch ihr starkes Mitgefühl setzen sich hochsensible Kinder oft für das Wohlergehen anderer ein, da sie sich gut in ihre Lage versetzen können.

Romeo

Hochsensible Menschen können eine tiefe Wertschätzung für ästhetische Erfahrungen haben. Dies wirkt sich auch auf den Genuss aus. Sie nehmen feine Nuancen in Kunst, Musik, aber auch im Essen oder in der Natur intensiver wahr. Dadurch erleben sie einen tieferen Genuss.

Es ist wichtig hochsensiblen Kindern Raum zu geben, damit sie ihre Sinneserfahrungen in einer Umgebung genießen können, die für sie angenehm ist.

Samira
Samira reagiert mit Freude auf die Schönheiten des Lebens.
Kleine Momente des Glücks oder der Dankbarkeit berühren sie zutiefst.
Ist ihr Kind oft sehr bewegt, wenn es etwas Schönes erlebt?
Freut ihr Kind sich bereits über eine kleine Geste?
Zeigt ihr Kind eine tiefe Begeisterung für seine Hobbys und Interessen?
Dies sind nicht nur flüchtige Wahrnehmungen, sondern sie berühren die Seele und schenken tiefe Zufriedenheit.
Hochsensible Menschen finden in diesen kleinen Freuden eine Quelle der Ruhe und des Glücks.

Tobi und Ulli

Für hochsensible Menschen spielen Freundschaften und Beziehungen eine wichtige Rolle. Sie können eine starke Bindung aufbauen, reagieren aber empfindlicher auf Konflikte oder Spannungen.

Sie streben nach authentischen Verbindungen, die von Ehrlichkeit, Vertrauen und gegenseitigem Verständnis geprägt sind. Oberflächliche Bekanntschaften genügen ihnen oft nicht.

Zudem zeichnet sie eine Verbundenheit mit der Natur aus.

Sie lieben die Ruhe und können beispielsweise im Wald sehr gut entspannen.

Vladimir

Viele hochsensible Menschen werden von Nahrungsmittelunverträglichkeiten begleitet.

Sie bekommen Durchfall, Magenschmerzen und Kopfweh, wenn sie bestimmte Lebensmittel konsumieren.

Zu den häufigsten Auslösern gehören zum Beispiel
Koffein, Zucker, Farb- und Aromastoffe.
Sollte Ihr Kind davon betroffen sein, geben Sie ihm mehr frische und unverarbeitete Lebensmittel, wie Obst, Gemüse oder Vollkornprodukte.

Wanda
Braucht Ihr Kind klare Regeln und einen strukturierten Tagesablauf?
Für hochsensible Menschen kann eine klare Struktur und Routine in ihrem Leben besonders wichtig sein, um Sicherheit zu empfinden.
Dies hilft ihnen dabei, die Reize aus ihrer Umgebung zu bewältigen und somit Stress zu reduzieren.
Das Gefühl die Kontrolle über ihr Leben zu haben, kann für hochsensible Menschen besonders bedeutsam sein.

Xaver

Xaver hat nie Zeit. Dies könnte daran liegen, dass er dazu neigt tiefer in Details einzutauchen. Dadurch benötigt er mehr Zeit, um Aufgaben abzuschließen oder Entscheidungen zu treffen.

Verliert sich Ihr Kind oft in seinen Aufgaben?

Kann Ihr Kind nicht einordnen, was wichtig oder unwichtig ist?

Fühlt sich Ihr Kind unter Zeitdruck schnell überfordert?

Hochsensible Kinder können dazu neigen sich zu verzetteln. Sie können mit Ihrem Kind Prioritäten- und Zeitpläne erarbeiten, um ihm Sicherheit zu geben.

Yuki

Rückzug kann hochsensiblen Menschen dabei helfen, wieder in ihre Kraft zu finden. Er ist häufig eine Reaktion auf überwältigende Reize und Stimuli.

Der Rückzugsort ist ruhig und vertraut und dient dazu, sich zu erholen und neue Energie zu tanken.
Kinder ziehen sich gerne zurück, wenn es ihnen zu viel wird zum Beispiel:

- Rückzug nach einer Fahrt im vollen Bus
- Rückzug aus einem Raum mit vielen anderen Kindern
- Rückzug, wenn zu laute Musik gespielt wird

Zottel
Die ausgeprägte sensorische Verarbeitung von hochsensiblen Menschen, lässt sie stärker auf plötzliche Reize und unerwartete Geräusche reagieren.
Daher erschrecken sie sich schneller.
Dies ist ein natürlicher Bestandteil der Hochsensibilität und nicht unbedingt ein Anzeichen von übermäßiger Angst oder Nervosität.

Lucys Schlusswort

Nun hast Du meine Freunde kennengelernt.
Wir alle möchten uns bei Dir dafür
bedanken, dass Du Dich für uns und unser
Leben interessierst.
Wir freuen uns sehr darüber und hoffen,
dass Du viel Spaß mit uns hattest und Dir das
Buch gefallen hat. Wenn Du magst bitte doch
Deine Eltern um eine Rezension bei Amazon.

Bis bald und pass gut auf Dich auf,
Deine Lucy und ihre Freunde.

BONUS: Meditation
für Kinder

Danksagung

Ich bedanke mich bei meiner sensiblen Katze Jacky.
Sie ist mir jeden Tag aufs Neue eine Quelle der Inspiration und Freude.

Über die Autorin

Sandra Agel begleitet hochsensible Menschen mit Angeboten rund um Körperwahrnehmung, Entspannung und Selbstfürsorge.
Mit ihrem ersten Kinderbuch möchte sie hochsensiblen Kindern helfen, sich selbst besser zu verstehen und ihre Feinfühligkeit als Stärke zu entdecken.
Sie ist Heilpraktikerin für Psychotherapie, Yogalehrerin und Fachberaterin für Hochsensibilität. Ihre Arbeit ist geprägt durch ihre langjährige pädagogische Tätigkeit in Jugend- und Gemeinwesenarbeit und durch ihre eigene Hochsensibilität.
Mehr von Sandra Agel finden Sie auf ihrer Homepage: www.bewegungsintensiv.de oder auf ihrem YouTube Kanal: @SandraAgel-Wellness für Hochsensible